DES

PROMESSES DE VENTE

LEUR EFFET

AU POINT DE VUE DES TIERS ET DES CONTRACTANTS

CONFÉRENCE

faite au Palais de Justice, le 11 décembre 1902

PAR

M. Gustave LARDEUR

DOCTEUR EN DROIT

AVOCAT A LA COUR D'APPEL DE PARIS

PARIS

A L'ADMINISTRATION

DU RÉPERTOIRE GÉNÉRAL PRATIQUE DU NOTARIAT

40, RUE D'ASSAS, 40

1903

DES PROMESSES DE VENTE

LEUR EFFET

AU POINT DE VUE DES TIERS ET DES CONTRACTANTS

Notre législation est assez laconique relativement à la promesse de vente. Deux articles seulement du Code civil en parlent : l'article 1590, qui résout la question secondaire qui s'élève lorsque des arrhes ont été données par l'une des parties et que la promesse n'est pas exécutée, — nous le signalons simplement pour mémoire, — et l'article 1589, qui présente une importance beaucoup plus grande. Il est ainsi conçu : « La promesse de vente vaut vente, lorsqu'il y a consentement réciproque des parties sur la chose et sur le prix. »

Aucun texte de loi n'est en apparence plus clair, aucun cependant n'a soulevé plus de controverses. Sans doute si la promesse de vente équivalait toujours à la vente, il suffirait de se reporter aux règles de ce dernier contrat, et la matière de la promesse de vente n'offrirait aucune difficulté spéciale. Mais il n'en est rien ; cela est admis par tout le monde et résulte de la nature même des choses. Malgré la généralité des termes de l'article 1589, il faut nécessairement distinguer trois espèces différentes de promesses de vente.

Tout d'abord, en effet, la promesse de vente peut avoir été émise sans aucune acceptation de la part de celui à qui elle est faite ; en second lieu l'acceptation a pu intervenir sans que l'acceptant, le stipulant, ait pris de son côté aucune obligation d'acheter ; ou bien enfin le stipulant a accepté la promesse de vente et s'est en même temps engagé à acheter. Dans le premier cas, il y a une offre simple ; dans le second, une promesse de vente unilatérale ; dans le troisième, une promesse de vente synallagmatique.

Le premier cas ne nous retiendra qu'un instant. Il s'agit d'une offre non acceptée, ou, pour employer une expression plus technique, d'une pollicitation. Bien entendu un acte semblable ne vaut pas vente, ne transfère pas la propriété, mais de plus il est dépourvu de tout effet juridique. Dans notre droit une volonté unilatérale ne peut créer une obligation ; il faut nécessairement pour la validité d'une convention le concours de deux volontés. Sans doute il y a des contrats unilatéraux, la promesse de vente nous en fournit précisément un exemple. Mais s'il est vrai de dire que dans un contrat unilatéral, une seule des parties s'oblige, l'accord des deux volontés n'en a pas moins été nécessaire pour la formation de l'obligation. L'offre pure et simple au contraire ne produit aucun effet et son auteur peut la retirer, tant que celui à qui elle est faite ne s'en est pas emparée et ne l'a pas vivifiée par une acceptation. A ce moment l'engagement prend naissance, un véritable contrat apparaît, ce sera une promesse de vente unilatérale ou synallagmatique, suivant que le stipulant se sera borné à donner son acceptation ou y aura joint une obligation d'acheter. Ces règles, conformes au droit commun, sont incontestables et incontestées ; aucun lien de droit ne se forme sans le concours des volontés, la pollicitation reste par elle-même sans effet. Mais il est parfois difficile en fait de distinguer la pollicitation révocable par son auteur de la promesse de vente unilatérale acceptée. L'acceptation en effet n'a pas besoin d'être expresse, elle peut être simplement tacite et résulter des circonstances, par exemple de la remise par le promettant de l'écrit qui constate la promesse de vente ; l'autre partie n'aurait pas consenti à le recevoir si elle n'entendait accepter la promesse ; c'est là du moins l'interprétation la plus vraisemblable de sa volonté. Les juges ont nécessairement en pareille matière un pouvoir d'appréciation assez large. Signalons notamment un arrêt de la Cour de Douai (1). Il décide que le fait par le stipulant de notifier tardivement une acceptation formelle ne lui fait pas perdre le bénéfice d'une acceptation tacite que les circonstances amènent à considérer comme ayant existé avant la révocation de la promesse.

§ I. — Des promesses de vente synallagmatiques.

L'ordre logique des idées semblerait nous contraindre à traiter ici des promesses de vente unilatérales qui s'éloignent moins de la simple pollicitation que les promesses synallagmatiques. Nous préférons cependant exposer d'abord les règles qui gouvernent ces dernières ; elles soulèvent en effet moins de controverses et la connaissance qu'en aura le lecteur l'aidera à mieux comprendre les difficultés qui surgissent en matière de promesses unilatérales.

Dans la promesse de vente synallagmatique les deux parties prennent un engagement, l'une d'elles s'oblige à vendre et l'autre s'oblige à acheter, et chacune accepte l'engagement de l'autre, joue à la fois le rôle de promettant et celui de stipulant. Le contrat devrait donc rigoureusement s'appeler promesse de vente et d'achat. Mais l'usage autorise l'emploi de l'expression plus courte de promesse de vente. Observons que la même simplification de langage se rencontre à propos du contrat de vente, on devrait dire vente et achat, comme les Romains disaient *emptio venditio*. Au surplus, si nous faisons cette remarque, c'est afin de préciser nettement le caractère réciproque des obligations nées de la promesse de vente synallagmatique.

(1) 2 novembre 1898, *Le Droit*, 22 avril 1899.

Cette catégorie de promesse de vente est la seule que la loi ait formellement prévue. Le texte même de l'article 1589 suffirait à le prouver. Il parle, en effet, de consentement réciproque des parties sur la chose et sur le prix. Cette réciprocité des engagements est la définition même des contrats synallagmatiques. Les termes de l'article 1589 seraient inexplicables si le législateur avait envisagé également la promesse unilatérale dans laquelle le stipulant se borne à accepter la promesse sans être nullement obligé d'acheter.

Les travaux préparatoires du Code civil confirment d'ailleurs cette interprétation jusqu'à l'évidence. Les orateurs n'ont cessé de répéter que la promesse de vente équivalait à la vente, qu'elle lui était parfaitement assimilée. Cette identité entre la promesse de vente et la vente ne peut exister en matière de promesse unilatérale. Dans la vente il y a un acheteur, qui à ce titre contracte des obligations, et la promesse de vente unilatérale suppose par définition l'absence de tout engagement de la part du stipulant, de l'acheteur espéré. On ne pouvait sans tomber dans l'absurde assimiler complètement deux contrats aussi dissemblables, aussi opposés. L'application de l'art. 1589 se restreint donc nécessairement aux promesses synallagmatiques.

Quel est l'effet de ces promesses ? Le texte répond : « la promesse de vente vaut vente ». C'est dire de la façon la plus claire que les règles de la vente sont de tous points étendues à la promesse de vente synallagmatique. Spécialement la propriété sera immédiatement transférée, elle passera de plein droit, par la seule force de la promesse sur la tête du stipulant comme elle serait passée sur la tête de l'acheteur par le seul effet de la vente si les parties avaient recouru à une vente proprement dite. Le stipulant pourra donc, tout comme le pourrait un acheteur, exercer l'action en délivrance ou en garantie, revendiquer l'objet du contrat qui se trouverait entre les mains d'un tiers. Si le promettant refuse d'exécuter la promesse, de livrer la chose, le stipulant pourra obtenir de justice l'exécution forcée. Le promettant, en effet, n'a pas contracté une obligation de faire, se résolvant nécessairement en dommages-intérêts en cas d'inexécution. Il est tenu d'une obligation de livrer, susceptible d'exécution directe. On dit quelquefois à cet égard que le juge contraindra le promettant à passer contrat, à réaliser la vente. L'expression est inexacte et ne correspond pas à la véritable situation. Le contrat existe, le tribunal n'a plus qu'à le constater et à donner au stipulant le titre authentique qui lui manque et lui procurera les moyens d'entrer en possession. Cela est tellement vrai que si la promesse de vente a été consentie par acte authentique, le stipulant pourra se mettre lui-même en possession, sans avoir besoin de recourir au préalable à la justice.

De même les risques seront supportés par le stipulant à partir du jour du contrat. Si la chose a péri ou est détériorée par cas fortuit, le préjudice sera pour lui et il n'en devra pas moins l'intégralité de son prix.

Le droit de mutation est dû. Les parties ne pourraient résoudre le contrat par mutuel dissentiment sans opérer une nouvelle transmission et rendre exigible un second droit de mutation.

Les aliénations ou les constitutions de droits réels que le promettant aurait consenties postérieurement à la promesse ne seraient pas opposables au stipulant. Ce dernier en un mot est devenu propriétaire par l'effet du contrat, pourvu bien entendu qu'il s'agisse d'un corps certain, c'est-à-dire d'un objet déterminé. Rappelons toutefois les règles de la transcription en matière immobilière, lesquelles sont applicables à la promesse de vente synallagmatique comme à la vente elle-même. Dans les rapports du stipulant avec les tiers qui auraient acquis des droits sur l'immeuble objet de la promesse du chef du promettant, la préférence appartiendra à celui qui aura rempli le premier les formalités établies par la loi de 1855. En un mot si le stipulant prend soin de faire transcrire la promesse, il est désormais à l'abri des aliénations ou constitutions de droits réels consenties par le promettant ou qu'il viendrait à consentir, lorsqu'elles n'ont pas fait l'objet d'une transcription ou d'une inscription antérieure à la transcription de la promesse.

Ces solutions ne sont plus discutées aujourd'hui. On les a cependant contestées à une certaine époque en invoquant surtout des arguments historiques (1). Dans l'ancien droit, a-t-on dit à l'appui de cette opinion, il existait entre les auteurs une controverse au sujet des effets de la promesse de vente. Si le promettant refusait d'exécuter la promesse, de livrer la chose, certains jurisconsultes prétendaient que son obligation, constituant une obligation de faire, se résolvait nécessairement en dommages-intérêts. D'après d'autres, au contraire, le stipulant pouvait atteindre directement le résultat qu'il avait poursuivi, il pouvait obtenir une décision de justice contraignant le promettant à passer contrat de vente et lui impartissant un délai à l'expiration duquel le contrat serait considéré comme conclu. Mais jamais dans l'ancien droit on n'avait soutenu que la promesse de vente fût réellement et de tous points assimilée à la vente. Ceux qui employaient les expressions « promesse de vente vaut vente » entendaient seulement que la promesse de vente était susceptible de recevoir une exécution judiciaire et forcée. Eh bien, ajoute-t-on, l'article 1589 a eu pour but unique de faire cesser les controverses en consacrant définitivement l'opinion qui avait fini par prévaloir. Mais, pas plus que les partisans de ce système, le législateur n'a voulu reconnaître entre la promesse de vente et la vente une identité complète et absolue, contraire à l'intention des parties qui ont

(1) V. sur cette question Huc, t. X, p. 42 et s.

envisagé, non pas une vente actuelle et immédiate, mais une vente *in futurum*, comme les expressions mêmes de promesse de vente semblent bien l'indiquer.

Cette argumentation ne pouvait prévaloir. Elle a, en effet, le vice capital de méconnaître la transformation profonde opérée par le Code civil dans la matière de la vente. S'il est permis de chercher dans les commentaires des anciens auteurs, de Pothier surtout, l'explication plus claire, la raison d'être, le sens exact d'une pensée exprimée par le législateur d'une façon un peu confuse, il faut se garder de substituer l'autorité de la tradition à celle d'un texte parfaitement précis. Ce procédé est surtout inadmissible lorsque le Code s'est inspiré de principes tout nouveaux. Or tel est justement le cas. L'une des innovations les plus considérables réalisées par le droit moderne est relative au transfert immédiat de la propriété par l'effet direct des obligations, des contrats et notamment de la vente. Il n'en était pas ainsi dans le droit romain. Les conventions, et spécialement la vente, se bornaient à engendrer des obligations, le vendeur contractait l'obligation *de dare*, c'est-à-dire de transférer la propriété, mais le transfert lui-même s'opérait par une formalité postérieure, indépendante de la vente dont elle constituait seulement l'exécution, nous avons nommé la tradition, c'est-à-dire la livraison matérielle de la chose quand elle était possible, ou bien une cérémonie symbolique figurant une tradition fictive. L'ancien droit français s'inspira des mêmes principes. La vente était toujours impuissante par elle-même à transférer la propriété, et la tradition toujours nécessaire. Une simplification cependant fut introduite vers la fin. On prit l'habitude d'insérer dans les contrats de vente une clause, appelée clause de tradition ou de dessaisine-saisine. Le vendeur était censé abandonner matériellement la possession de la chose et la livrer à l'acheteur. Ce dernier devenait donc immédiatement propriétaire, non pas précisément par l'effet de la vente, mais par celui de la clause de tradition, devenue de style dans tous les contrats. C'était une pure subtilité, et il ne restait plus qu'un pas à franchir pour parvenir au principe moderne. On s'étonne même que cette évolution vers la clarté et la simplification n'ait pu recevoir son achèvement qu'au bout de deux mille ans.

Mais on voit immédiatement que les anciens auteurs ne peuvent en pareille matière servir de guide. Sans doute, dans le droit coutumier, la promesse de vente ne transférait pas la propriété, mais la vente elle-même, pas davantage. Il en est tout différemment dans le Code civil. L'article 1583 porte formellement « la propriété est acquise de droit à l'acheteur à l'égard du vendeur, dès qu'on est convenu de la chose et du prix, quoique la chose n'ait pas encore été livrée ni le prix payé. » Ce n'est là d'ailleurs que l'application d'un principe plus général posé par l'article 1138 : « L'obligation de livrer la chose est parfaite par le seul consentement des parties contractantes. Elle rend le créancier propriétaire et met la chose à ses risques... » Et lorsque l'article 1589 vient dire d'une façon expresse : « la promesse de vente vaut vente », il est impossible, sous peine de supprimer absolument le texte, d'échapper à cette conséquence fatale : le stipulant est devenu propriétaire par le seul effet de la promesse, comme le serait devenu un acheteur proprement dit, ou plus généralement le créancier d'une obligation de livrer. La formule de l'article 1589 serait absolument inexplicable, et même directement contraire à la vérité, si la promesse de vente continuait à engendrer simplement une obligation, alors que la vente emporte transmission de propriété.

Cette solution, qui ne fait plus aujourd'hui aucun doute pour les promesses de ventes pures et simples, est cependant discutée encore pour les promesses à terme. On soutient que, dans ces dernières l'effet translatif de propriété ne se produit pas immédiatement, mais se trouve reculé jusqu'à l'échéance du terme. L'article 1589, dit-on dans ce sens, n'est assurément pas une disposition d'ordre public à laquelle il soit interdit de déroger. La règle qu'il pose, comme la plupart de celles qui figurent dans nos lois, constitue seulement une présomption de volonté qui doit disparaître lorsque les parties ont manifesté nettement une intention contraire. Eh bien, cette intention apparaît certainement dans le procédé adopté par elles. Ce n'est point une vente immédiate qu'elles ont voulu conclure, il s'agit d'une simple promesse, et elles ont entendu qu'elle ne produirait effet qu'au bout d'un certain temps. Si la loi, dans l'article 1589, traduit les mots : « Je promets de vendre » par « je vends », c'est que la formule employée par les parties ne semble correspondre à aucune idée spéciale. Mais cela n'est vrai que dans les promesses pures et simples, qui doivent recevoir immédiatement leur effet. Dans ce cas, les expressions « je promets de vendre » et « je vends », paraissent sans doute absolument identiques. La situation est toute différente lorsque les mots « je promets » se trouvent accompagnés de l'indication d'un terme. La forme future est ainsi accusée par deux fois et il est rationnel de supposer que les parties ont reculé alors jusqu'à l'accomplissement d'un certain délai non seulement l'exécution du contrat, mais sa formation même. La règle générale de l'article 1138 sur les effets de l'obligation de livrer au point de vue du transfert de la propriété, ne reçoit d'ailleurs aucune atteinte, car on soutient précisément dans cette opinion que l'obligation de livrer n'a pas pris naissance avant l'arrivée du terme (1).

Cette argumentation fort spécieuse, il faut l'avouer, est généralement

(1) V. en ce sens Colmet de Santerre, t. VII, p. 18.

repoussée. Mais la divergence entre les deux systèmes est plus apparente que réelle. Tout le monde en effet s'accorde à reconnaître que la volonté des parties est maîtresse en pareille matière ; la loi les autorise parfaitement à conclure des promesses de vente qui ne soient pas assimilées à la vente. C'est ce que décide notamment un arrêt de la Cour d'Aix (1). Si cette intention est clairement exprimée, elle sera respectée. S'il y a doute, la circonstance qu'un terme aura été stipulé fera incliner le juge à admettre plus facilement l'existence de cette intention. Mais il est trop absolu de prétendre que la stipulation d'un terme suffit à elle seule, en l'absence de tout autre élément, pour faire présumer que les parties ont voulu reculer l'époque de la formation du contrat. D'après l'article 1185 C. civ., le terme ne suspend point l'engagement dont il retarde seulement l'exécution. Voilà le principe qu'il ne faut pas perdre de vue. Il n'est pas douteux que la vente à terme ne transfère immédiatement la propriété et ne mette immédiatement la chose vendue aux risques de l'acheteur. L'exécution du contrat est retardée, mais le contrat n'en est pas moins immédiatement formé et parfait. L'acheteur est devenu propriétaire, il peut rendre aussitôt son droit opposable aux tiers par la transcription ; il supporte les conséquences de la perte ou de la détérioration survenues par cas fortuit. Ce qui est vrai de la vente l'est également de la promesse de vente. L'article 1589 le dit et ne fait aucune distinction. Si la promesse de vente pure et simple vaut une vente pure et simple, la promesse de vente à terme est assimilée à une vente à terme. Sans doute les parties sont libres de convenir du contraire, de retarder pendant un certain temps la formation même de la promesse de vente, mais le juge ne peut, sans tomber dans l'arbitraire, leur supposer une pareille intention en l'absence de toute indication précise dans les circonstances de la cause. Le système le plus sûr consiste donc à s'attacher aux dispositions de l'article 1589 et à décider en principe, sauf à se montrer facile pour la preuve d'une volonté contraire, que la promesse de vente synallagmatique accompagnée d'un terme n'en a pas moins transféré immédiatement la propriété sur la tête du stipulant et mis la chose à ses risques (2).

Tels sont les effets principaux de la promesse de vente synallagmatique. Il nous faudrait pour être complet exposer les règles entières de la vente, puisqu'elles s'appliquent également à la promesse de vente. Le cadre de cette étude nous l'interdirait à défaut de toute autre considération.

Nous croyons devoir cependant signaler certains points plus intéressants ou plus pratiques. C'est ainsi que la promesse de vente synallag-

(1) 21 janvier 1887. *Bull.* arr. Aix, 87, 331.

(2) V. en ce sens Guillouard, t. I, p. 89.

matique sous seings privés, comportant des engagements réciproques, est soumise pour sa validité à la formalité des doubles.

De même il est indispensable que l'accord des parties soit parfait sur la chose et sur le prix. La jurisprudence a eu plusieurs fois l'occasion d'appliquer ces principes. Ainsi, d'après un arrêt de la Cour de Pau (1), la promesse de vendre tant de mètres de terrain, ayant des confrontations indiquées à prendre sur un plus grand terrain, est nulle, lorsque la contenance de même terrain promise avec les mêmes confrontations peut être prise sur différents points du plus grand terrain dont elle doit être détachée. Dans ce cas, en effet, la matérialité de la chose vendue n'est pas suffisamment précisée.

La Cour d'Amiens (2) décide que si le prix n'est pas déterminé par la promesse, il faut au moins qu'il puisse l'être à l'aide des éléments puisés dans le contrat, par le moyen d'un calcul imposant le même résultat à toute personne compétente. Un arrêt d'Agen (3) affirme la nécessité de l'accord des parties sur les modalités du prix, les dates de paiement et le taux des intérêts. Une solution analogue a prévalu devant la Cour d'Orléans (4) : le juge, dit-elle, ne peut fixer lui-même les échéances du prix, mais tout au plus induire des circonstances de la cause l'existence d'une convention tacite sur ce point. Enfin le Tribunal de la Seine (5) a considéré une promesse de vente comme nulle parce que l'accord des parties apparaissait comme douteux sur la question du paiement des frais. Toutes ces solutions sont inspirées du même principe : la promesse de vente synallagmatique est assimilée à la vente et doit pour sa perfection réunir les mêmes conditions.

§ 2. — Des promesses de ventes unilatérales.

Nous allons maintenant étudier la promesse de vente unilatérale. Le promettant s'est engagé à vendre, sa promesse est acceptée, mais le stipulant n'a pas fait connaître s'il entendait de son côté se porter acquéreur, il a réservé sur ce point toute sa liberté. Cette hypothèse est beaucoup plus pratique et se rencontre plus fréquemment que la précédente. Du moment, en effet, que la promesse de vente synallagmatique est pleinement assimilée à la vente, les parties n'ont pas le plus souvent d'intérêt à recourir à cette forme un peu spéciale de contrat, elles trouvent plus simple de conclure une vente ordinaire. L'utilité de la promesse de vente unilatérale apparaît au contraire bien plus nettement. On comprend parfaitement qu'une personne qui désire par

(1) 2 mai 1887 ; *Gaz. Pal.*, 87, 2, 169.
(2) 24 juillet 1900 ; Rec. arr. Amiens, 1900, 169.
(3) 29 novembre 1899, *Le Droit*, 15 janvier 1900.
(4) 15 janvier 1896. D., 98, 2, 68.
(5) 7 mars 1884; *Gaz, Pal.*, 84, 1, 903.

exemple acquérir un immeuble, ne soit pas en mesure actuellement de donner suite à son projet, et cela par manque de fonds disponibles ou pour tout autre cause ; cependant elle ne veut pas laisser échapper l'occasion qui se présente, elle espère que les circonstances lui permettront bientôt de prendre et de remplir les obligations d'un acheteur et elle se fait dans ce but consentir une promesse de vente, accompagnée ou non d'un bail. Rien n'est plus normal ni plus explicable.

Et d'abord un semblable contrat est-il valable? Certains jurisconsultes un peu méticuleux ont cru nécessaire de se poser cette question, résolue d'ailleurs aujourd'hui par l'affirmative d'une façon unanime. Le doute venait du silence gardé par la loi au sujet des promesses unilatérales. L'article 1589 C. civ., en effet, vise uniquement les promesses synallagmatiques. Mais quelle conséquence convient-il d'en tirer? Tout simplement que les promesses unilatérales ne sont pas régies par l'article 1589, qu'elles ne valent pas vente, ce qui du reste semble évident de soi. Mais la loi ne prononce nulle part la nullité de ces promesses qui n'offrent par elles-mêmes rien de contraire à la morale ni à l'ordre public et sont dès lors protégées par le principe général de la liberté des conventions. Le législateur, en ne les mentionnant pas expressément, les a forcément laissées sous l'empire du droit commun.

Ce n'est pas là que siège la difficulté de la matière. Elle apparaît au contraire quand on recherche les effets de la promesse de vente unilatérale. Il y a pourtant certaines solutions qui s'imposent. Tant que la promesse reste unilatérale, il ne peut être question de paiement du prix par le stipulant, ni d'action en livraison ou en garantie exercée contre le promettant. Les choses demeurent en quelque sorte en suspens.

Mais voici que le stipulant prend un parti, il entend se porter acquéreur, réaliser la promesse de vente. A quel moment est-il devenu propriétaire ? Est-ce seulement du jour où la naissance de son propre engagement a transformé la promesse unilatérale en promesse synallagmatique ? Avait-il auparavant un droit réel opposable à tous ou seulement un droit personnel opposable au promettant ?

La jurisprudence est depuis longtemps fixée à cet égard. Elle attribue au droit que le stipulant tient de la promesse unilatérale un caractère purement personnel. Nous tenons immédiatement à signaler cette solution et les nombreuses conséquences qu'elle entraîne dans la pratique.

Ainsi le promettant fait donation à ses propres enfants d'un immeuble qu'il s'est engagé antérieurement à vendre à une personne pour le cas où elle désirerait l'acheter. D'après la Cour de Caen (1), celle-ci ne peut

(1) 9 mars 1866. S., 66, 2, 276.

se prévaloir d'aucun droit réel envers les enfants donataires qui sont considérés comme des tiers à son égard.

La Cour de Nancy (1), décide que si l'immeuble, objet de la promesse de vente, a été saisi, le bénéficiaire ne possède aucun droit réel opposable aux créanciers hypothécaires et à l'adjudicataire, et ne peut exiger que la promesse de vente soit insérée au cahier des charges comme une des conditions essentielles de l'adjudication.

D'après un arrêt de Cassation (2), la promesse de vente unilatérale n'emporte par elle-même aucune transmission de propriété. Si par exemple le stipulant vient à décéder en laissant pour héritier un mineur, le tuteur de celui-ci peut renoncer au bénéfice de la promesse de vente sans l'autorisation du conseil de famille.

Voici un immenble qui échoit au cours du mariage à l'un des époux en exécution d'une promesse de vente unilatérale faite à son auteur. Le tribunal de Boulogne-sur-Mer (3) a jugé que cet immeuble ne constituait pas un propre, mais tombait dans la communauté. L'époux, en effet, ne possédait au moment du mariage aucun droit réel sur l'immeuble et il s'agissait bien d'une acquisition à titre onéreux réalisée au cours du mariage.

Il a été convenu dans un bail qu'à l'expiration le preneur pourrait en exiger la prolongation pour une durée de 99 ans. D'après la Cour de Cassation (4) la jouissance emphythéotique ou l'aliénation qui peut résulter d'un acte semblable commence seulement du jour où le preneur a manifesté son intention de profiter de la clause ci-dessus; et si l'immeuble loué se trouvait au moment du bail inaliénable comme dépendant d'un territoire militaire en Algérie, mais qu'il n'en dépendît plus à l'époque où le preneur a déclaré sa volonté, l'aliénation est parfaitement valable.

Voici encore une autre espèce intéressante qui a été soumise à la Cour de Cassation. Un propriétaire avait promis de vendre son immeuble pour le prix de 40.000 francs et la durée de la promesse était fixée à 4 ans, commençant à courir le 1er avril 1843. Survient la loi de 1845, autorisant l'établissement de la ligne du chemin de fer de Paris à Strasbourg. L'immeuble traversé par cette ligne acquiert immédiatement une valeur de 150.000 francs. Le stipulant s'empresse de déclarer, par voie de sommation, au promettant, qu'il entend réaliser la promesse de vente. Le promettant répond en demandant la rescision de la vente pour cause de lésion de plus des 7/12. Cette demande fut ac-

(1) 2 mars 1890; S., 90, 2, 127.
(2) 20 janvier 1862; S., 62, 1, 705,
(3) 15 avril 1897; S., 98, 2, 20.
(4) 14 mars 1860; S., 60, 1, 739.

cueillie. La vente en effet ne pouvait être considérée comme conclue qu'au jour de la sommation; or, à cette époque, le prix de 40.000 fr., primitivement fixé, était inférieur de plus des 7 1/2 à la valeur actuelle de la chose; et quant à la prescription de 2 ans applicable en matière d'action en rescision, elle avait commencé à courir, non pas à partir de la promesse, mais seulement à partir de la sommation.

Toutes ces décisions sont inspirées du même principe : le bénéficiaire d'une promesse de vente unilatérale ne possède aucun droit réel avant la conclusion du contrat synallagmatique qui peut la suivre. Il en résulte également que, jusqu'à cette époque, il est à la merci des aliénations ou constitutions de droits réels que consentirait le promettant. Il aurait sans doute un recours contre celui-ci, mais les tiers ne pourraient être inquiétés, sauf, bien entendu, le cas de fraude et l'application des règles de l'action paulienne. Voici une personne qui, de bonne foi, achète un immeuble ou obtient une hypothèque le grevant; cet immeuble a été antérieurement l'objet d'une promesse de vente unilatérale ; le bénéficiaire est obligé de respecter l'aliénation et de subir l'effet de l'hypothèque. Et ce résultat se produit, remarquons-le bien, que la promesse de vente ait été transcrite ou non. La transcription, en effet, est une formalité exclusivement protectrice des droits réels; or, le droit du stipulant est purement personnel, et la transcription du contrat serait inutile et dépourvue de toute efficacité. Telle est la conséquence principale du système de la jurisprudence sur le caractère de la promesse de vente unilatérale.

Ajoutons que la propriété n'ayant pas été transférée, les risques demeurent fixés sur la tête du promettant qui supporte seul les conséquences de la perte ou de la détérioration de la chose.

Au point de vue fiscal, il nous semble intéressant de signaler que la promesse de vente unilatérale, n'emportant aucun changement de propriété, ne donne pas lieu à la perception d'un droit de mutation. Il en est de même de la cession des droits résultant de la promesse au profit du stipulant. La Cour de Cassation l'a décidé à plusieurs reprises.

Le droit de mutation n'est dû qu'au moment où la promesse unilatérale se transforme en promesse synallagmatique par la déclaration du bénéficiaire, et par suite, c'est à cette époque qu'il faut se placer pour apprécier la valeur de l'immeuble devant servir de base à la perception. Mais si le droit de mutation a été perçu par erreur lors de la promesse ou de la cession de la promesse, il n'y a pas lieu d'imputer les versements effectués alors sur le montant des droits devenus exigibles par la réalisation de la promesse : les deux contrats sont, en effet, distincts par leur objet ; si la perception effectuée sur le premier contrat a été irrégulière, cela n'empêche pas le droit de mutation d'être dû sur le second contrat, qui lui emporte certainement transmission de propriété. Cette solution est consacrée par un arrêt de Cassation (1).

De même nous avons vu que la promesse de vente unilatérale n'était pas sujette à transcription. Mais si l'acte est présenté à la formalité, le droit de transcription n'en est pas moins perçu. Il est exigible, en effet, par le seul fait de la transcription, quand bien même l'acte n'emporterait pas mutation de propriété : et si par exemple la promesse de vente est jointe à un bail de plus de 18 ans, soumis par lui-même à la transcription, les parties doivent avoir soin de limiter exclusivement leur réquisition au bail proprement dit ; autrement le conservateur n'étant pas juge du point de savoir si telle ou telle partie du contrat doit être transcrite, transcrira la totalité et le droit sera exigible sur la totalité.

Enfin, pour terminer cette revue de jurisprudence, signalons un autre arrêt intéressant de Cassation (2). Si le locataire d'un immeuble renonce au bénéfice de la promesse de vente unilatérale consentie dans le bail et obtient en échange la réduction de son loyer, cette renonciation libère seulement le bailleur d'une obligation personnelle et n'opère aucune transmission passible du droit de mutation, mais un droit de quittance sera perçu sur le montant des loyers remis au locataire.

Ce système constamment suivi par la jurisprudence est-il conforme aux principes ? Nous devons avouer qu'il est également adopté par la majorité des auteurs, Aubry et Rau, Laurent, MM. Baudry-Lacantinerie et Guillouard, pour ne citer que les principaux. Il semble qu'il y ait quelque témérité à discuter une opinion qui se présente sous de tels patronages et a reçu la sanction de la pratique judiciaire. Pourtant la théorie contraire a été vivement soutenue par d'éminents jurisconsultes, notamment Mourlon, Larombière, et à une époque plus récente, M. Huc et M. Colmet de Santerre. Nous ne désespérons pas de faire partager leur avis au lecteur.

Précisons bien d'abord un premier point. La convention des parties est libre en pareille matière. Si le promettant a formellement déclaré qu'il transférait au stipulant un véritable droit réel et si le stipulant a entendu l'acquérir, on ne voit pas pourquoi cette intention commune ne pourrait produire effet. Aucune loi ne l'interdit. Voici par exemple une vente proprement dite, subordonnée à une condition suspensive. Sans doute, tant que la condition n'est pas accomplie, la transmission de propriété n'est pas opérée. Il est possible qu'elle ne se réalise jamais, et dans ce cas la propriété sera demeurée sur la tête du

(1) 10 mars 1886. S., 87, 1, 83. V. *ibid.*, le rapport de M. le conseiller Voisin.
(2) 5 février 1873. S., 73, 1, 178.

vendeur. Mais supposons, au contraire, l'événement de la condition, l'acheteur sera considéré comme étant devenu propriétaire dès le jour de la vente, par suite de l'effet rétroactif attaché à la condition suspensive. Et si l'acheteur a pris soin de faire transcrire son contrat, il sera à l'abri des droits réels que le vendeur aurait consentis à des tiers avant l'événement de la condition. Si nous citons cet exemple, ce n'est point que nous considérions la promesse de vente unilatérale comme une vente conditionnelle, subordonnée à la volonté du stipulant, — l'assimilation absolue prêterait à la critique, — mais nous tenons à montrer qu'il ne répugne nullement à la raison de voir une personne qui, peut-être, ne sera jamais propriétaire, dont l'acquisition dépend d'un événement futur et incertain, se garantir cependant à l'avance contre les aliénations ou constitutions de droits réels qui pourraient, plus tard, faire échec à son propre droit. Aussi nous ne croyons pas que l'on puisse refuser aux parties la possibilité de conclure une promesse de vente unilatérale, tout en reconnaissant un caractère réel au droit conféré au stipulant.

La question se ramène donc à rechercher si une pareille intention ne doit pas être supposée comme la plus vraisemblable dans une promesse de vente unilatérale, si cettte interprétation de la volonté des contractants n'est pas la plus naturelle et ne concorde pas le mieux avec les règles générales du droit. Observons tout d'abord qu'elle est certainement le plus conforme à l'équité, que seule elle donne aux engagements pris un caractère loyal et sérieux. Voici une personne qui consent une promesse de vente, elle entend se dépouiller de sa propriété au profit du bénéficiaire quand il le demandera et on lui réserverait le moyen de rendre, dans la pratique, ses obligations absolument vaines en transférant à des tiers des droits dont elle n'a plus la libre disposition. Les inconvénients d'un pareil système apparaissent aux yeux les moins prévenus. N'est-il pas éminemment désirable que le stipulant soit protégé d'une façon efficace contre la mauvaise foi possible du promettant ? Qu'il possède un droit réel opposable aux tiers et susceptible d'être conservé par la formalité de la transcription ? Personne ne pourrait s'en plaindre. Les tiers sont avertis de l'existence de la promesse de vente. Et quant au promettant, il ne peut invoquer aucun motif avouable pour se refuser à entourer de garanties indispensables la sincérité de l'aliénation qu'il a promis d'effectuer.

Les auteurs que nous combattons ne méconnaissent pas la justesse de ces observations. Mais ils répondent que les dangers ainsi signalés sont inhérents à tous les droits purement personnels qui ne sont pas renforcés par une sûreté spéciale. Nous estimons qu'ils offrent en matière de promesse de vente un caractère beaucoup plus choquant que partout ailleurs. La vente, en effet, a pour but essentiel un transfert de propriété, et c'est un résultat particulièrement injuste de voir le bénéficiaire d'une promesse de vente désarmé contre la malhonnêteté du promettant qui dispose au profit d'un tiers de la chose promise.

Au surplus, nous reconnaissons bien volontiers que ces considérations sont impuissantes à elles seules à résoudre le problème ; elles nous font simplement entrevoir la solution désirable. Mais est-elle conforme aux principes? On soutient que non. Il est impossible, dit-on, d'assimiler la promesse de vente unilatérale à la vente elle-même. L'article 1589 s'applique uniquement à la promesse synallagmatique. Et la vente seule, ou un acte équivalent, peut transférer la propriété. Tant que l'accord des parties ne s'est pas manifesté d'une façon complète sur les obligations du promettant et celles du stipulant, tant que la promesse n'est pas devenue synallagmatique, il ne peut être question de vente ni de transfert de propriété. Le stipulant a bien le droit d'exiger la réalisation de la vente, mais il n'est pas acquéreur, il n'est pas propriétaire, puisqu'il ne peut le devenir qu'en assumant de son côté les obligations d'un acheteur, ce qu'il n'a pas encore fait. Et qu'on ne dise pas que la déclaration du stipulant, lorsqu'elle intervient, opère à la façon d'une condition suspensive, qu'elle produit un effet rétroactif. C'est méconnaître l'intention des parties et la réalité des choses. C'est considérer la promesse de vente unilatérale comme une vente conditionnelle, la déclaration du stipulant qu'il entend réaliser la promesse de vente constituant l'événement de la condition. Or ce point de vue est manifestement inexact. La promesse de vente unilatérale est en elle-même un contrat pur et simple, si elle n'est pas subordonnée à une condition particulière. Le promettant s'engage d'une façon ferme à vendre, et quant au stipulant il se borne à prendre acte de la promesse, à la rendre irrévocable par son acceptation, mais il n'assume de son côté aucune obligation, ni actuelle, ni même éventuelle. Il se réserve sa pleine liberté, et lorsque plus tard il manifestera son intention de réaliser la promesse, cette déclaration n'aura pas la vertu de faire naître rétroactivement un engagement qui n'existait pas antérieurement. Il se formera un nouveau contrat et le transfert de la propriété ne pourra nécessairement avoir lieu que par l'effet de ce nouveau contrat et à sa date.

Ce système nous semble reposer sur une confusion. Assurément il est fort exact de dire que la promesse de vente unilatérale ne constitue pas une vente, même conditionnelle ; au moment où la promesse intervient, le stipulant ne contracte aucune obligation et la déclaration qu'il fait ensuite ne peut créer dans le passé une obligation inexistante. Il n'y a pas de vente avant la transformation de la promesse unilatérale en promesse synallagmatique. Mais telle n'est pas la question. Pour reconnaître au droit du stipulant le caractère de droit réel opposable aux tiers, il n'est pas nécessaire de recourir aux règles de la vente, d'assimiler la promesse unilatérale à une vente conditionnelle. Le droit commun suffit. Analysons en effet l'opération. Le promettant s'est obligé à vendre, il est lié et ne peut plus revenir sur sa promesse. Il a pris de son côté, et cela d'une façon irrévocable, tous les engagements que prendrait un vendeur. Par suite il est tenu de livrer, et de livrer un corps certain, car il faut bien entendu envisager un corps certain pour que l'obligation, résultant d'une vente ou de tout autre contrat, puisse transférer la propriété. Quels sont maintenant les effets de l'obligation de livrer? Nous trouvons la réponse dans l'article 1138 C. civ., que nous avons déjà reproduit :

« L'obligation de livrer la chose est parfaite par le seul consente- « ment des parties contractantes. Elle rend le créancier propriétaire « et met la chose à ses risques... » Et lorsque l'article 1583 nous déclare que la vente transfère la propriété indépendamment de toute tradition, il ne fait qu'appliquer à la vente le principe plus général posé par l'article 1138. Mais le principe existe indépendamment de la vente. On aperçoit maintenant la confusion commise par les partisans de la théorie dominante. Ils nous disent : la vente suppose nécessairement le concours des deux volontés, l'une des parties s'engageant à vendre et l'autre à acheter; or, dans la promesse de vente unilatérale, le stipulant ne contracte aucune obligation, il n'y a donc pas de vente, même conditionnelle. Nous n'y contredisons point. Mais ce qu'on oublie de démontrer, c'est la nécessité où serait le stipulant pour s'assurer les avantages d'un droit réel, de recourir aux règles de la vente. Le stipulant ne devient acheteur qu'au jour de la réalisation de la promesse, c'est incontestable. Mais il était, à partir de l'époque de la promesse, créancier d'une obligation de livrer un corps certain. Nul ne pouvait lui faire perdre le bénéfice de cette créance. Quant à l'obligation du débiteur, elle était bien sans doute subordonnée à une condition, à savoir la déclaration par le créancier qu'il voulait réclamer l'exécution de la promesse. Mais cette condition laissait à l'obligation toute sa validité. Elle ne constituait pas une condition potestative ayant pour résultat d'annuler l'engagement. On entend en effet par condition potestative celle qui dépend exclusivement de la volonté du débiteur et, dans notre espèce, c'est au contraire la volonté du créancier qui réalise l'événement de la condition. Rien de plus régulier. Nous sommes donc en présence, non pas d'une vente conditionnelle, mais d'une obligation conditionnelle prise par le promettant de livrer un corps certain. Tant que la condition n'est pas accomplie, la situation réciproque des parties demeure en suspens. Mais dès que l'événement futur et incertain auquel était subordonnée l'existence de l'obligation est arrivé, dès que le stipulant a manifesté son intention d'acquérir, l'effet rétroactif attaché à la condition se produit et le stipulant se trouve avoir été, dès le jour de la promesse, créancier d'une obligation de livrer un corps certain. Il est par suite, aux termes de l'article 1138, devenu propriétaire dès le jour de la promesse. C'est un résultat analogue, nous en avons déjà fait la remarque, à celui qui s'opère dans l'hypothèse d'une vente conditionnelle proprement dite. Il n'offre donc rien que de très normal. Mais encore une fois ce n'est pas aux règles mêmes de la vente que nous nous référons, c'est aux principes plus généraux relatifs aux effets de l'obligation de livrer.

Ce système n'aboutit nullement, du reste, à transformer à l'avance en une véritable vente un contrat présentant un caractère différent, il respecte au contraire pleinement la volonté des parties et fait produire à leur convention les conséquences imposées par le droit commun. Il assure au stipulant une protection efficace en le mettant à l'abri des actes malhonnêtes que le promettant pourrait commettre en accordant à des tiers des droits dont il n'a plus la libre disposition. Ajoutons qu'à un autre point de vue il est seul logique. Tout le monde admet, en effet, que le promettant ne peut se dégager à son gré de sa promesse, il demeure tenu envers le stipulant d'une obligation personnelle. Mais quelle peut être cette obligation ? Nécessairement l'obligation de livrer un corps certain et l'on connaît les effets d'une semblable obligation relativement au transfert de la propriété. Si l'on nie l'existence de cette obligation, comment interdire au promettant la faculté de rompre le contrat par sa seule volonté ? Et si l'obligation existe, elle confère aux termes de la loi un droit réel au créancier.

Cette théorie en un mot nous paraît plus conforme à la fois aux règles du droit et aux besoins de la pratique, bien que les tribunaux n'aient pas cru devoir jusqu'ici l'admettre. Il n'est pas interdit de souhaiter un revirement de jurisprudence et nous espérons avoir été assez heureux pour faire partager sur ce point nos désirs au lecteur.

Gustave Lardeur,
Docteur en droit,
Avocat à la Cour d'appel.

ÉVREUX, IMPRIMERIE DE CHARLES HÉRISSEY

www.ingramcontent.com/pod-product-compliance
Lightning Source LLC
LaVergne TN
LVHW010219230826
846091LV00008BB/3586
* 9 7 8 2 0 1 9 2 8 1 9 8 4 *